LÉGENDE

bamix®

Embouts et accessoires utilisés

	couteau étoile	râpe 1
	couteau hachoir	râpe 2
	disque fouet	râpe 3
	disque mélangeur	lame 4
	moulin processeur	lame 5
	disque poudre	couteau hachoir

Échelons de difficulté et de coût

très facile, facile ou peu facile

€ économique, raisonnable ou onéreux

Durées en minutes

5'

préparation
cuisson
repos

Photographies : Julien Bouvier
Recettes : Jean-Claude Fascina
Diététicienne : Hélène Fotiadi
Textes et conception graphique : UOVO design & communication

SOMMAIRE

page

bamix® of Switzerland

Mes conseils

Suivez ces quelques conseils techniques pour exploiter toutes les compétences de vos appareils Bamix. Une fois familiarisé avec tous leurs usages, votre complicité sera un vrai régal !

J.C. Fascina

bamix®

Le couteau étoile

Pour mélanger, mouliner, broyer, concasser...

Le couteau hachoir

Pour couper, hacher les viandes et poissons. Casser les fibres des légumes filandreux.

Le disque fouet

Pour monter vos blancs en neige, Chantilly... Émulsionner vos crèmes, sauces... Homogénéiser vos préparations.

Le disque mélangeur

Pour lisser et aérer vos préparations. Émulsionner les sauces épaisses. Travailler la pâte à crêpes.

Le moulin (processeur)

Pour moudre : chocolat, sucre, café, fruits secs, épices, parmesan... Hacher herbes, ail, oignons, viandes, poissons, œufs durs... Piler : glaçons, croûtons...

Le disque poudre

Pour transformer vos produits secs en poudre fine comme le poivre, les grains de café...

Montage des embouts

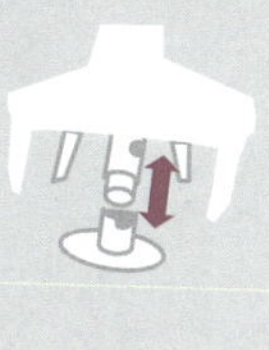

Débranchez l'appareil avant d'insérer ou de retirer un embout. Fixez l'embout sur l'axe, en prenant soin de positionner l'encoche de l'embout au niveau de la goupille d'entraînement de l'axe.

SliceSy

3 râpes à julienne

Râpe n° 1 :
carottes, juliennes fines, gruyère...

Râpe n° 2 :
röstis, céleri râpé, pommes...

Râpe n° 3 :
bâtonnets de légumes, choux râpés...

2 lames à émincer

Trancher vos fruits et légumes en lamelles :

Lame n° 4 :
chips, concombres, pommes de terre, copeaux de parmesan...

Lame n° 5 :
carottes, courgettes, betteraves...

Couteau hachoir

- préparer des tartares, rillettes
- hacher ail, oignons, fines herbes
- concasser les fruits secs
- broyer les glaçons
- mixer fruits et légumes

Changement des râpes

Insérez la râpe souhaitée dans l'emplacement de la platine en positionnant les ailettes dans les encoches.
Pour retirer la râpe, retournez le disque et appuyez sur la râpe en veillant à ne pas vous couper.

Les récipients

Épargnez-vous de la vaisselle et mixez vos préparations directement dans votre casserole !
Pour un meilleur résultat, préférez des récipients hauts et étroits. La gamme Bamix comporte plusieurs gobelets. Grâce à leur couvercle hermétique, conservez facilement vos préparations.

Les bons gestes

Vitesses 1 et 2

Utilisez la vitesse 1, la moins rapide (bouton supérieur ° ou I), pour vos blancs en neige, vos Chantilly, et vos préparations légères en petites quantités. Passez en vitesse 2, la plus rapide (bouton inférieur ° ° ou II) pour vos produits durs et épais et pour vos grandes quantités.

Prise en main

Appréciez l'ergonomie de votre Bamix : l'index sur le bouton vitesse 1, ou le majeur sur le bouton vitesse 2, le pouce bien calé dans son logement, pour droitiers ou gauchers.

Éviter les éclaboussures : plonger et sortir éteint

Plongez votre Bamix de biais dans la préparation avant de l'enclencher. Pressez le bouton vitesse 1 avec l'index, en tenant votre récipient avec l'autre main.
Passez votre Bamix dans la masse à travailler. Augmentez la puissance, en pressant sur le bouton vitesse 2 avec le majeur.
Cessez la pression avant de le sortir de la masse pour éviter les projections.

Tourner

Pendant le mixage, faites des petits mouvements de poignet pour tourner lentement votre Bamix, en le soulevant légèrement de temps en temps. Selon la consistance désirée, choisissez la vitesse 1 ou 2 et mixez plus ou moins longtemps.

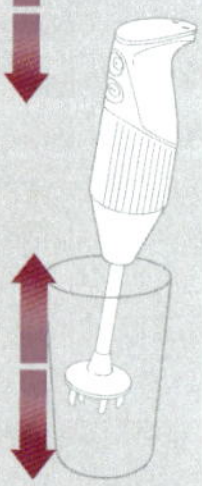

Monter, incliner

Pour monter vos blancs d'œufs en neige et Chantilly, commencez par maintenir votre Bamix au fond du gobelet, puis inclinez-le et remontez lentement en suivant le bord du gobelet jusqu'en haut de votre préparation. Redescendez votre Bamix au fond du gobelet et répétez l'opération jusqu'à la consistance souhaitée.

Entretien

Nettoyez votre Bamix immédiatement après usage. Plongez-le sans ôter l'embout dans un petit récipient d'eau chaude et actionnez-le pour décoller les résidus. Démontez les embouts et rincez l'axe et les embouts sous l'eau chaude.

4/6 MOIS

Étoile   Fouet

15' préparation
20' cuisson

facile
€ économique

Purée de carottes aérienne

INGRÉDIENTS
POUR 2 PORTIONS

200 g de carottes nouvelles

5 cl de bouillon de volaille

1 Lavez et épluchez les carottes.

2 Faites-les cuire à la vapeur, puis déposez-les dans un récipient haut.

3 Montez le couteau étoile sur votre Bamix. Réduisez les carottes en purée fine.

4 Insérez le disque fouet sur le Bamix et fouettez la purée en intégrant le bouillon chaud.

5 Laissez tiédir et servez.

+ d'Équilibre

La carotte est une excellente source de pro-vitamines A, un anti-oxydant reconnu et bénéfique pour la vision de votre enfant.

H. Fotiadi

4/6 MOIS

Étoile

Hachoir

Mélangeur

10’ préparation
5’ cuisson

facile

€ économique

Mouliné de courgettes à l’huile d’olive

INGRÉDIENTS
POUR 2 PORTIONS

300 g de petites courgettes

¼ de gousse d’ail écrasée

½ c. à café d’huile d’olive vierge

1 Lavez et épluchez les courgettes, taillez-les en morceaux. Pelez et dégermez l’ail.

2 Montez le couteau hachoir sur le SliceSy et mixez grossièrement les courgettes.

3 Faites cuire les courgettes à la vapeur pendant 5 minutes, puis déposez-les dans un récipient haut avec un soupçon de purée d’ail.

4 Insérez le couteau étoile sur votre Bamix et mixez finement pour obtenir une purée.

5 Placez le disque mélangeur sur le Bamix. Mélangez la préparation tout en ajoutant l’huile d’olive.

6 Servez tiède.

+ d’équilibre

La courgette contient une quantité non négligeable de minéraux et d’oligo-éléments qui donneront à votre enfant tonus et vitalité.

H. Fotiadi

4/6 MOIS

Mélangeur Étoile

10' préparation
25' cuisson

facile
€ économique

Ecrasé de courge muscade

Ingrédients
pour 2 portions

200 g de courge muscade ou potimarron

1 noisette de beurre doux

1 pointe de couteau de cumin (pour les grands)

1 Épluchez la courge et taillez-la en morceaux de 2 cm.

2 Faites-les cuire à la vapeur pendant 25 minutes, égouttez bien après cuisson.

3 Déposez-les dans un récipient haut.

4 Montez le disque étoile sur votre Bamix et mixez finement l'écrasé.

5 Insérez le disque mélangeur sur le Bamix et remuez délicatement la purée en vitesse 1 tout en ajoutant le beurre, éventuellement le cumin.

6 Servez tiède.

+ d'équilibre

La courge est très riche en potassium, excellent pour le cerveau de votre enfant ainsi que pour la régulation de la pression artérielle.

H. Fotiadi

4/6 MOIS

Étoile · Mélangeur

10' préparation
10' cuisson

facile
€ raisonnable

Purée toute verte

INGRÉDIENTS
POUR 2 PORTIONS

200 g de haricots verts frais très fins

½ c. à soupe de crème fraîche

1 Équeutez et lavez les haricots verts.

2 Faites-les cuire 10 minutes à la vapeur, égouttez.

3 Placez-les dans un récipient haut.

4 Montez le couteau étoile sur votre Bamix et mixez finement les légumes.

5 Insérez le disque mélangeur sur le Bamix.

6 Ajoutez la crème fraîche à la purée de haricots, mélangez et servez.

+ d'Équilibre

Le haricot vert est une source intéressante de protéines végétales, non grasses, donc très digestes pour votre enfant.

H. Fotiadi

4/6 MOIS

Étoile Mélangeur

10' préparation
25' cuisson
1h repos

facile
€ économique

Compote poires cannelle

Ingrédients
pour 2 portions

200 g de poires Comice

1 pointe de couteau de cannelle en poudre

1 Épluchez les poires, taillez-les en morceaux de 1 cm.

2 Déposez les morceaux de fruits dans une casserole à fond épais.

3 Faites compoter doucement pendant 20 minutes.

4 Montez le couteau étoile sur votre Bamix et mixez finement la compote.

5 Insérez le disque mélangeur sur le Bamix. Ajoutez la cannelle à la compote et remettez sur feu doux pendant 5 minutes en remuant de temps en temps.

6 Déposez la préparation dans un saladier, filmez et réfrigérez avant de consommer.
Conservation 2 jours au réfrigérateur.

+ d'Équilibre

La poire est l'un des fruits les plus riches en calcium, très recommandé pour la croissance de votre enfant, aussi bien au niveau des dents que du squelette.

H. Fotiadi

Mélangeur Râpe 1

10' préparation
15' cuisson

peu facile
€ économique

Pancakes tous légumes

INGRÉDIENTS
POUR 2 PANCAKES

100 g de carottes nouvelles

80 g de courgettes

100 g de topinambours

1 œuf calibre A

5 g de farine

10 cl de lait ½ écrémé

1. Lavez et épluchez les légumes.
2. Placez la râpe n° 1 sur la platine du SliceSy et passez les légumes à la râpe, réservez.
3. Insérez le disque mélangeur sur votre Bamix.
4. Dans un saladier, déposez l'œuf et le lait, mélangez avec la farine.
5. Ajoutez les légumes à cette préparation.
6. Faites chauffer une poêle anti-adhésive et faites cuire de petites quantités de cette préparation, 3 minutes sur chaque face.
7. Réservez au chaud avant de servir.

+ d'Équilibre

Les légumes « oubliés », comme le topinambour, ont un effet rassasiant semblable aux féculents, tout en étant moins caloriques.

H. Jotiadi

6/9 MOIS

Étoile — Fouet

10' préparation
40' cuisson

facile
€ économique

Purée de céleri rave

Ingrédients
POUR 2 PORTIONS

- 100 g de céleri rave
- 100 g de pommes de terre
- 1 noisette de beurre doux
- Le jus d' ½ citron

1 Lavez et épluchez les légumes, placez-les dans une casserole et couvrez d'eau. Ajoutez le jus de citron et faites cuire à frémissement durant 40 minutes.

2 Égouttez sans rincer et placez dans un récipient haut.

3 Montez le couteau étoile sur votre Bamix et mixez finement les légumes.

4 Insérez le disque fouet sur le Bamix et fouettez la purée en intégrant le beurre jusqu'à l'obtention d'une consistance mousseuse.

5 Laissez tiédir et servez.

+ d'Équilibre

La pomme de terre est un féculent riche en glucides complexes qui vont permettre de rassasier les gros appétits.

H. Fotiadi

Réséda

6/9 MOIS

Étoile

10' préparation
20' cuisson

facile

€ raisonnable

Soupe toute blanche panais et cerfeuil

Ingrédients
pour 2 portions

300 g de panais

2 branches de cerfeuil

100 g de pommes de terre

1 c. à soupe de lait

1 Épluchez les panais et les pommes de terre, passez-les sous l'eau.

2 Déposez les légumes dans une casserole à fond épais, couvrez d'eau jusqu'à hauteur et amenez à ébullition.

3 Faites cuire à feu doux pendant 20 minutes.

4 Montez le couteau étoile sur votre Bamix et mixez finement la soupe avec le cerfeuil.

5 Ajoutez la cuillère à soupe de lait et servez.

+ d'Équilibre

N'hésitez pas à agrémenter vos purées et potages de produits laitiers (fromage, lait, fromage frais...) pour apporter le calcium nécessaire à votre enfant.

H. Fotiadi

6/9 MOIS

Étoile

Mélangeur

15' préparation

20' cuisson

facile

€ économique

Velouté d'asperges

INGRÉDIENTS
POUR 2 PORTIONS

150 g d'asperges vertes

100 g de pommes de terre

1 fromage frais de 15 g

1 Lavez et épluchez les légumes.

2 Faites cuire les pommes de terre à la vapeur.

3 Placez les asperges dans une grande quantité d'eau froide et faites-les cuire. Elles sont cuites lorsqu'une pointe de couteau les traverse.

4 Déposez les légumes cuits dans un récipient haut.

5 Montez le couteau étoile sur votre Bamix et mixez finement. Ajoutez un peu d'eau de cuisson des pommes de terre si le velouté est trop épais.

6 Insérez le disque mélangeur sur le Bamix, ajoutez le fromage frais à la préparation, mixez jusqu'à complète absorption et servez.

+ d'Équilibre

L'asperge est très riche en fibres, idéales pour accélérer le transit intestinal de votre enfant et lutter contre la constipation.

H. Fotiadi

6/9 MOIS

Étoile

10' préparation
20' cuisson
1h repos

facile
€ économique

Compote d'abricots vanillée

Ingrédients
POUR 2 PORTIONS

150 g d'abricots bien mûrs

¼ de gousse de vanille bourbon

½ c. à soupe de jus de citron

1 Lavez les abricots, dénoyautez-les et conservez un noyau.

2 Mettez les abricots dans un saladier avec le jus de citron, filmez et placez au frais pendant 1h.

3 Déposez les abricots dans une casserole à fond épais avec le noyau, fendez le quart de gousse de vanille en deux, grattez-en les graines et ajoutez-les à la préparation.

4 Faites compoter à feu doux pendant 20 minutes, couvrez et laissez refroidir à température ambiante.

5 Montez le couteau étoile sur votre Bamix, enlevez le noyau de la casserole et mixez finement la compote.

6 Mettez la préparation dans un saladier filmé et réfrigérez avant de consommer.
Conservation 3 jours au réfrigérateur.

+ d'Équilibre

Il est important d'introduire chaque nouvel aliment indépendamment des autres pour apprendre à l'enfant le vrai goût de chaque fruit ou légume.

H. Fotiadi

9/12 MOIS

Étoile Fouet

10' préparation

facile

€ économique

Délice froid de concombres

INGRÉDIENTS

POUR 2 PORTIONS

250 g de concombres

20 g de fromage frais

½ c. à café de sucre en poudre

1 Lavez et épluchez les concombres, fendez-les en deux et enlevez les pépins.

2 Taillez-les en tronçons et déposez-les dans un récipient haut avec le sucre.

3 Montez le couteau étoile sur votre Bamix, mixez finement.

4 Insérez le disque fouet sur le Bamix. Ajoutez le fromage frais à la préparation, mélangez.

5 Servez tiède.

+ d'équilibre

Le concombre est l'un des légumes les plus riches en eau, il est très désaltérant et participe à une bonne hydratation pour votre enfant.

H. Fotiadi

9/12 MOIS

Râpe 2

10' préparation
25' cuisson

peu facile
€ raisonnable

Pomme de terre farcie aux champignons et fenouil

Ingrédients
pour 2 portions

1 pomme de terre moyenne

120 g de fenouil

60 g de champignons de Paris bien blancs

1 trait de jus de citron

1 Passez les champignons et le fenouil sous l'eau, lavez la pomme de terre.

2 Faites cuire la pomme de terre à la vapeur.

3 Placez la râpe n°2 sur la platine du SliceSy et passez les champignons et le fenouil à la râpe.

4 Déposez les légumes dans une casserole avec un trait de jus de citron et laissez-les doucement mijoter jusqu'à ce qu'ils soient tendres.

5 Coupez la pomme de terre en deux dans le sens de la largeur. Avec une petite cuillère, évidez-la en laissant de la chair sur le pourtour. Conservez le reste de la pomme de terre pour une autre recette.

6 Garnissez la pomme de terre avec les légumes, passez l'ensemble sous le gril du four.

7 Laissez tiédir et servez.

+ d'Équilibre

Il est important pour votre enfant de découvrir un panel de goûts le plus large possible : le fenouil est très intéressant pour sa note anisée.

H. Fotiadi

9/12 MOIS

Moulin Râpe 3

20' préparation
25' cuisson

facile
€ raisonnable

Jardinière de légumes au veau

INGRÉDIENTS
POUR 2 PORTIONS

- 30 g d'escalope de veau
- 100 g de navets fanes
- 160 g de carottes nouvelles
- 160 g de pommes de terre
- 50 g de petits pois frais
- 10 cl de bouillon de légumes
- 2 noisettes de beurre doux

1. Lavez, épluchez les carottes, navets, pommes de terre et écossez les petits pois.
2. Placez la râpe n°3 sur la platine du SliceSy et passez les légumes à la râpe.
3. Faites fondre une noisette de beurre dans une cocotte, ajoutez les légumes, faites-les revenir rapidement puis mouillez avec le bouillon de légumes.
4. Amenez à ébullition puis baissez le feu et laissez cuire pendant 20 minutes.
5. Pendant la cuisson des légumes, déposez la viande dans le bol du moulin de votre Bamix et hachez finement.
6. Faites fondre une noisette de beurre dans une petite poêle, faites revenir le veau pendant 5 minutes.
7. Disposez la jardinière de légumes et le veau dans des récipients séparés.
8. Laissez tiédir et servez.

+ d'Équilibre

La viande de veau est faible en matières grasses, riche en protéines et en fer : que des atouts santé pour votre enfant.

H. Fotiadi

9/12 MOIS

Étoile   Mélangeur

10' préparation
40' cuisson

facile
économique

Caviar léger d'aubergines

INGRÉDIENTS
POUR 2 PORTIONS

300 g d'aubergines

1 feuille d'estragon

½ c. à café d'huile d'olive

1 pointe de couteau de sucre

1 Préchauffez le four à 200°C.

2 Placez les aubergines entières au four et faites-les cuire environ 40 minutes.

3 Coupez-les en deux et récupérez la pulpe avec une grosse cuillère, puis placez la pulpe dans un récipient haut avec l'estragon.

4 Montez le couteau étoile sur votre Bamix et mixez finement la pulpe des aubergines.

5 Insérez le disque mélangeur sur le Bamix. Ajoutez le sucre et l'huile d'olive à la préparation, émulsionnez et servez.

+ d'équilibre

La découverte des goûts passe naturellement par les herbes aromatiques qui donneront couleur et saveur à tous vos mets.

H. Fotiadi

9/12 MOIS

Étoile

5' préparation

facile

€ économique

Smoothie pêches

Ingrédients
pour 2 portions

300 g de pêches bien mûres

½ c. à café de jus de citron

1 glaçon

1 Épluchez les pêches, dénoyautez-les et placez-les dans un récipient haut.

2 Montez le couteau étoile sur votre Bamix.

3 Mixez finement les fruits avec le jus de citron.

4 Ajoutez le glaçon et mixez à nouveau jusqu'à disparition complète de la glace.

5 Laissez à température ambiante quelques minutes et servez à la cuillère ou au verre.

+ d'équilibre

Il est important de respecter les saisons et d'introduire la pêche en été au moment où elle est la plus riche en vitamines et en minéraux.

H. Fotiadi

12 MOIS ET +

Moulin

Mélangeur

Étoile

15' préparation
25' cuisson

facile
€ économique

Petit plat tout rose

Ingrédients

POUR 2 PORTIONS

350 g pommes de terre

2,5 cl de bouillon de légumes

30 g de jambon à l'os

1. Lavez, épluchez et coupez les pommes de terre.
2. Faites-les cuire à la vapeur et déposez-les dans un récipient haut.
3. Montez le couteau étoile sur votre Bamix et mixez finement en ajoutant au fur et à mesure le bouillon de légumes.
4. Déposez le jambon dans le bol du moulin et hachez finement.
5. Insérez le disque mélangeur sur le Bamix et mélangez le jambon haché à la purée de pommes de terre.
6. Servez immédiatement.

+ d'équilibre

Lors de l'introduction des protéines animales, il est recommandé de limiter les premières fois à 10 et 20 g de viande, car nous avons tendance à surdoser ces protéines animales.

H. Fotiadi

12 MOIS ET +

Mélangeur Moulin

10' préparation
10' cuisson

facile
€ raisonnable

Croustillants de poisson blanc

INGRÉDIENTS
POUR 2 PORTIONS

30 g de poisson blanc (lieu, grenadier, merlan, sébaste, etc.)

1 blanc d'œuf

50 g de brocolis

1 brin de ciboulette

½ c à café d'huile d'olive

1. Faites cuire les brocolis à la vapeur.
2. Déposez les brocolis dans le bol du moulin de votre Bamix avec le poisson et la ciboulette. Hachez la préparation, placez-la dans un saladier avec le blanc d'œuf.
3. Insérez le disque mélangeur sur le Bamix et mélangez la préparation.
4. Formez les croustillants entre les paumes des mains.
5. Saisissez-les rapidement dans une poêle chaude anti-adhésive.
6. Laissez tiédir et servez.

+ d'Équilibre

Servez du poisson à vos enfants 2 à 3 fois par semaine. Faible en graisses et riche en protéines, il est un atout santé non négligeable.

H. Fotiadi

12 MOIS ET +

Moulin

Râpe 3

Mélangeur

25' préparation
25' cuisson

peu facile
€ raisonnable

Curry baby

INGRÉDIENTS
POUR 2 PORTIONS

- 30 g de bœuf à bourguignon dégraissé
- 160 g de carottes nouvelles
- 120 g de navets
- 1 pointe de couteau de curry
- 1 pointe de couteau de curcuma
- 10 cl de bouillon de légumes
- ½ branche de persil plat
- 1 trait d'huile d'olive
- 50 g de riz blanc

1. Lavez et épluchez les légumes.
2. Placez la râpe n°3 sur la platine du SliceSy et passez les carottes et les navets à la râpe.
3. Déposez la viande avec le persil dans le bol du moulin de votre Bamix et hachez.
4. Dans une cocotte, faites doucement chauffer l'huile, déposez la viande hachée et faites revenir rapidement. Déposez les légumes, laissez rôtir quelques minutes, ajoutez les épices et le bouillon de légumes. Remuez la préparation et baissez le feu, couvrez et laissez cuire 25 minutes.
5. Pendant la cuisson, faites cuire le riz dans une grande quantité d'eau.
6. Insérez le disque mélangeur sur le Bamix et mélangez le curry de bœuf avec le riz.
7. Laissez tiédir et servez.

+ d'Équilibre

N'hésitez pas à utiliser les épices, elles vont également apporter un panel de goûts différents : il est important de les introduire une par une et progressivement.

H. Fotiadi

Étoile | Hachoir

10' préparation
15' cuisson

facile
€ économique

Poulet à la provençale

Ingrédients

pour 2 portions

- **30 g de blanc de poulet**
- **120 g de courgettes**
- **60 g d'oignons nouveaux**
- **120 g de poivrons rouges**
- **50 g de grains de maïs en conserve**
- **1 pointe de couteau d'origan**
- **1 filet d'huile d'olive**

1 Épluchez les poivrons avec un économe peau fine, pelez les oignons et coupez le tout en morceaux.

2 Montez le couteau hachoir dans le SliceSy. Déposez poivrons et oignons dans la cuve et mixez grossièrement.

3 Dans une casserole à fond épais, faites doucement chauffer le filet d'huile d'olive, déposez le mélange et faites revenir à feu doux.

4 Placez la volaille dans la cuve du SliceSy et coupez-la en petits morceaux, ajoutez le poulet et l'origan au mélange poivrons et oignons, puis poursuivez la cuisson.

5 Pendant ce temps, insérez le couteau étoile sur votre Bamix. Faites cuire les courgettes à la vapeur, mixez.

6 Ajoutez les grains de maïs à la purée de courgettes et faites doucement réchauffer.

7 Disposez la purée de courgettes et la préparation au poulet dans des récipients séparés.

8 Laissez tiédir et servez.

+ d'Équilibre

Voici un plat complet (viande, légumes et féculents), équilibré et très coloré qui donnera envie à votre enfant.

H. Jotiadi

12 MOIS ET +

Étoile Fouet

5' préparation

facile

€ raisonnable

Smoothie fraises

INGRÉDIENTS

POUR 2 PORTIONS

150 g de fraises Gariguette

120 g de yaourt bulgare

1 c. à café de jus de citron

2 glaçons

1 Équeutez les fraises, passez-les rapidement sous l'eau et placez-les dans un récipient haut avec le jus de citron.

2 Montez le couteau étoile sur votre Bamix, mixez finement les fruits, passez la préparation au tamis fin.

3 Ajoutez le yaourt et les glaçons dans les fruits.

4 Insérez le disque fouet sur le Bamix. Mélangez le smoothie jusqu'à disparition complète de la glace.

5 Laissez à température ambiante quelques minutes et servez à la cuillère ou au verre.

+ d'Équilibre

Les fruits rouges comme les fraises, framboises ou cerises, regorgent de vitamine C et les enfants en sont toujours très friands.

H. Fotiadi

Découvrez la gamme Bamix et choisissez le modèle adapté à vos besoins !

Mono

- Puissance : **140W**
- Vitesse 1 : 10 000 tours/minute
- Vitesse 2 : 12 000 tours/minute
- Support : mural, porte-embouts
- Cordon : plat
- Gobelet fourni : 600 ml
- Moulin : aucun
- Coloris standards : blanc, rouge

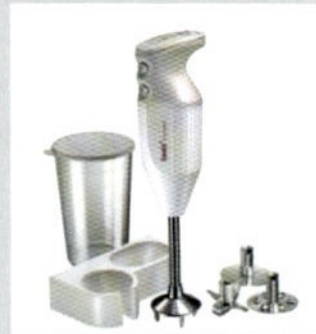

DeLuxe

- Puissance : **160W**
- Vitesse 1 : 12 000 tours/minute
- Vitesse 2 : 14 000 tours/minute
- Support : pied + mural, porte-embouts
- Cordon : plat
- Gobelet fourni : aucun
- Moulin : 100 ml
- Coloris standards : argent, noir

Classic

- Puissance : **180W**
- Vitesse 1 : 14 000 tours/minute
- Vitesse 2 : 16 000 tous/minute
- Support : pied + mural
- Cordon : plat
- Gobelet fourni : 600 ml
- Coloris standards : aubergine, blanc, anthracite

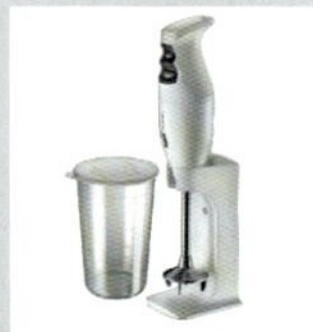

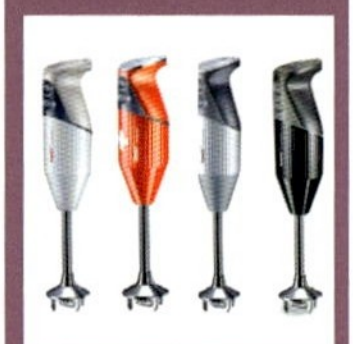

SwissLine

- Puissance : **200W**
- Vitesse 1 : 16 000 tours/minute
- Vitesse 2 : 18 000 tours/minute
- Support : pied, range accessoires
- Cordon : spirale
- Gobelet fourni : 900 ml
- Moulin : processeur 200 ml
- Coloris standards : blanc, rouge Croix Suisse, argent, noir

SliceSy

- Fonctionne avec le DeLuxe, le Classic et le SwissLine.
- Équipé du SliceSy 5 râpes, votre Bamix se transforme en robot.
- 3 râpes à julienne
- 2 râpes à émincer
- 1 couteau hachoir
- Coloris standard : blanc

Mon bamix®...

Poursuivez vos moments de complicité avec votre mixeur plongeant préféré et régalez-vous avec les autres ouvrages de la collection :

1 *mes Basics*

2 *monSliceSy*

3 *mes Potages*

4 *mes menus Bébé*

5 *mes Verrines*

et + encore à paraître...

Bamix France
Emile&Co
F-71110 MARCIGNY
Tel : +33(0)3 85 25 50 40
www.bamix.fr

Mon Bamix... mes menus Bébé
ISBN : 978-2-9537816-3-2
Dépôt légal : 3ème trimestre 2011
Imprimé en CE

UOVO S.A.R.L.
France
Tel : +33(0) 3 23 62 15 30
www.uovo.fr